DISCO COW

COLORING BOOK

BY ART LOCO

TEST COLOR PAGE

THIS BOOK BELONGS TO

HOWDY

COWGIRL
SPIRIT
DISCO
VIBE

LIFE
IS A
PARTY

LUCKY

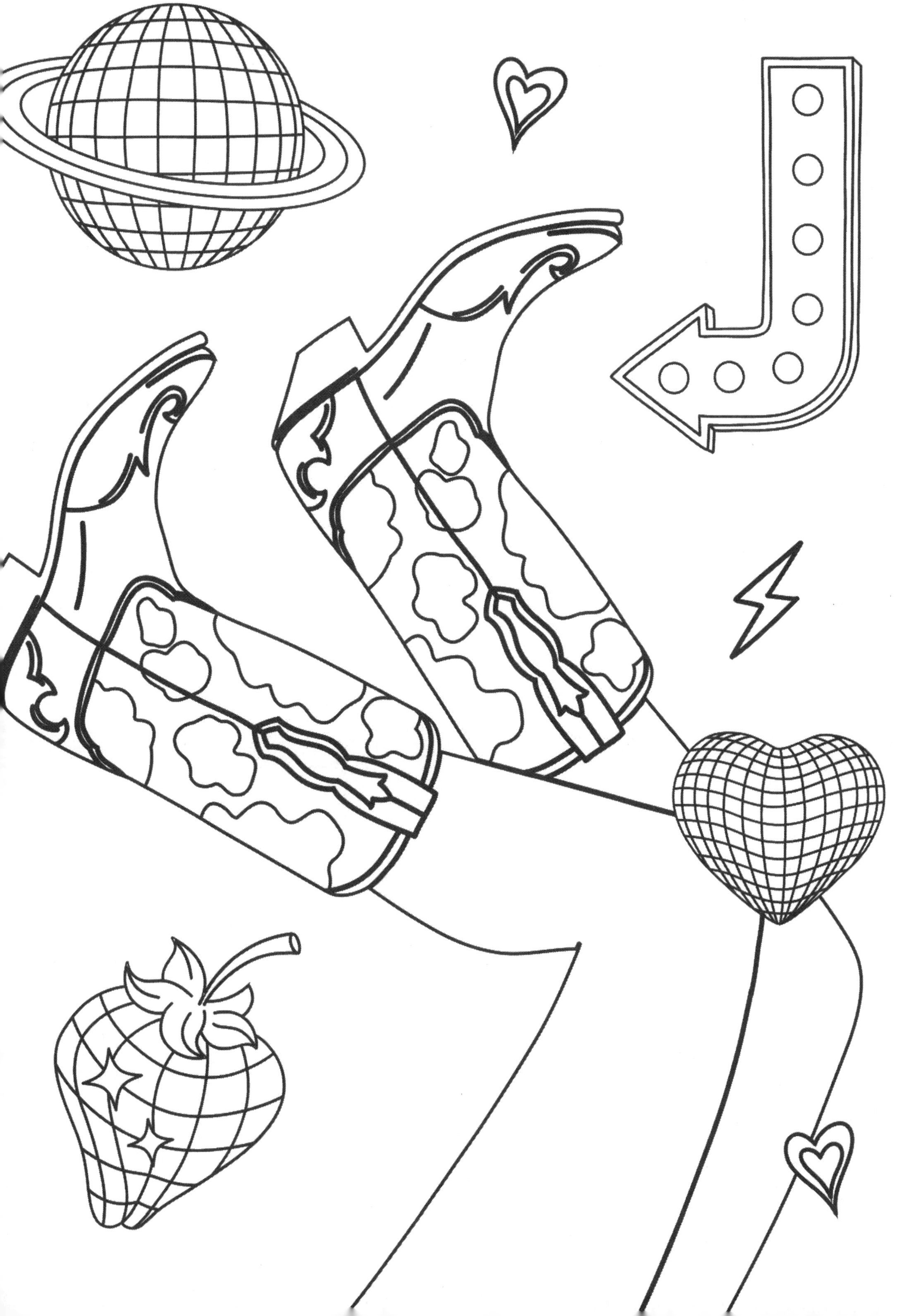

DISCO
RODEO

LET'S
GET THIS
PARTY
STARTED

DANCE
LIKE A
COWGIRL

DISCO
DIVA

FEELING
GROOVY

YEE-HAW

LET'S GO
GIRLS

Made in the USA
Middletown, DE
11 December 2024

66740791R00027